Préface

Waterloo a toujours été considéré comme étant l'un des berceaux du Neuvième Art, nombre de grands dessinateurs de l'école belge y résidèrent. Le Musée Wellington à Waterloo a décidé de faire entrer la bande dessinée au musée en rassemblant dessinateurs, scénaristes et coloristes qui ont illustré l'épopée napoléonienne et présenté avec talent et originalité les acteurs de l'Empire, qu'ils soient Français, Anglais, Prussiens ou autres.

Souvenirs de la Grande Armée, série initiée par Alexandre Alexander, Michel Dufranne et Jean-Paul Fernandez, met en scène "Le Belge", un héros historiquement méconnu. Mais n'est-il pas, de fait, le représentant de tous ces anonymes qui passèrent leur vie à la guerre, au gré des campagnes napoléoniennes ?! Napoléon n'est, certes, jamais représenté physiquement dans les albums, mais son influence est omniprésente en filigrane, initiateur des grands événements, tacticien hors pair, d'une force de caractère capable de mener les soldats. Survivre et suivre l'Empereur, tel était le destin de ces modestes militaires, dont l'issue fut souvent fatale.

Puisse la lecture de bandes dessinées historiques, telle celle-ci, amener les lecteurs de tous âges à une vision inédite et illustrée de l'Histoire et inciter des publics plus nombreux à se retourner sur le passé.

En outre, je ne peux que saluer, depuis le pays d'accueil de la capitale européenne, la très belle association d'un dessinateur serbe, d'un scénariste belge et d'un coloriste français.

Pour conclure, comment ne pas repenser aux paroles du duc de Wellington au soir de la victoire de la bataille de Waterloo : "Comment, avec de telles pertes, pourrais-je ressentir la moindre joie de ma victoire ?"

Colette Lamarche,
Directrice du Musée Wellington, Waterloo

Souvenirs de la Grande Armée

1809 – VOIR VIENNE OU MOURIR !

SCÉNARIO

MICHEL DUFRANNE

DESSIN

ALEXIS ALEXANDER

COULEUR

JEAN-PAUL FERNANDEZ

DELCOURT

En souvenir de Jacques-Charles Godard (1783-1807).
À la mémoire de Jean-Baptiste Godart (1902-1981) et Gisèle Godart (1926-2006).

Merci aux vrais héros de ces pages (Vlada, Jean-Paul et Patrick).
Merci au 54e Chasseur de la rue d'Hauteville.
Merci au Service de santé du Faubourg St. Denis.
Merci au corps expéditionnaire (Ana C.).
Merci à ceux et celles qui, très nombreux, soutiennent cette série de leurs encouragements et critiques constructives (tout spécialement Pierre-Yves C. et Jean-Jacques P.).
Merci à Mme Lamarche et l'équipe du Musée Wellington pour leurs initiatives et leur ouverture d'esprit.
Merci à Maria et Mathias, sans qui...

M. D.

Merci à ma femme Mirjana pour son soutien.
A. A.

Dans la même série :
Tome 1 : 1807 - Il faut venger Austerlitz !
Tome 2 : 1808 - Les Enfants de la veuve
Tome 3 : 1809 - Voir Vienne ou mourir !

Du même scénariste, chez le même éditeur :
- *Beowulf* (un volume) - dessin de Javier N.B.
- La Bible - L'Ancien Testament (deux volumes) - coscénario de Camus, dessin de Zitko
- La Bible - Le Nouveau Testament (un volume) - coscénario de Camus, dessin de Takjic
- *Candide, de Voltaire* (un volume) - coscénario de Delpatûre, dessin de Radovanovic
- *La Chute du dragon noir* (un volume) - dessin de Josic
- *Sillage hors-série, Le Collectionneur* - en collaboration avec Morvan & Buchet
- *Les Trois Mousquetaires, d'Alexandre Dumas* (quatre volumes) - coscénario de Morvan, dessin de Rubén

Chez Casterman :
- *La Guilde* (deux volumes) - dessin de Oscar Martin
- *Helldorado* (trois volumes) - coscénario de Morvan, dessin de Noé

Dépôt légal : mai 2010. I.S.B.N. : 978-2-7560-1730-3
Première édition

Lettrage : Patrick Lehance
Conception graphique : Trait pour Trait

Achevé d'imprimer en avril 2010
sur les presses de l'imprimerie Lesaffre, à Tournai, Belgique

www.editions-delcourt.fr

PÈRE, LA NUIT TOMBE.
NOUS DEVONS Y ALLER.
J'ARRIVE,
CHARLES...
J'ARRIVE...
20 avril 1849, Abensberg...

PÈRE, NE RESTEZ PAS DEHORS. VOUS ALLEZ PRENDRE FROID.
J'ARRIVE, CHARLES... J'ARRIVE...
Non loin d'Abensberg, avril 1809...

SILENCE !!
NOUS FAIS PAS LANGUIR, LE BELGE !
ALORS, QUELLES SONT LES NOUVELLES ?
LA BAVIÈRE EST TOMBÉE...
LES GARS DU 1ER CHASSEURS ONT REÇU UNE DÉCLARATION DE GUERRE DES AUTRICHIENS !
SI J'AI BIEN COMPRIS, ON VA SE METTRE EN ROUTE POUR GARDER LES ARRIÈRES DE LA DIVISION FRIANT...
T'ES CERTAIN ?!
NON, FAUT ATTENDRE LES ORDRES... MAIS C'EST CE QUI SE DIT.
ON BOUGE, C'EST DÉJÀ ÇA...
J'EN POUVAIS PLUS D'ATTENDRE !
J'ESPÈRE QUE L'ARCHIDUC NE FUIRA PAS DÈS QU'IL ME VERRA...
TU PEUX PAS T'EMPÊCHER DE FANFARONNER !
PENSE À L'ACCUEIL REÇU À BAYREUTH OU AU PIÈTRE ÉTAT DES CHEVAUX, ET TU CONVIENDRAS QUE LA BATAILLE N'EST PAS ENCORE GAGNÉE !

TU AS VU LE VIEUX ?
TOUT À L'HEURE, IL TRAÎNAIT SOUS L'ESCALIER... TU VEUX AUSSI LUI RAPPELER CES MAUVAIS SOUVENIRS ?!
UNE TOURNÉE QU'ILS SE METTENT SUR LA GUEULE !
TENU !!
COMMENT VA MA "VIEILLE MOUSTACHE" PRÉFÉRÉE ?
CETTE FOIS J'Y RESTERAI... JE LE SENS... JE LE SAIS ! J'AI FAIT MON TEMPS !!
RACONTE PAS N'IMPORTE QUOI...
AVEC TON EXPÉRIENCE, TU ÉVITERAS LES BALLES. DIS-TOI QU'EN FACE CE SERA LEUR PREMIÈRE BATAILLE...
ILS N'OSERONT PAS METTRE À TERRE UNE LÉGENDE COMME TOI.
PRENDS ÇA ! ÇA NE ME PORTERA PAS CHANCE, CETTE FOIS, ET JE NE VEUX PAS QUE L'ARCHIDUC ME LE VOLE.
TU ME DONNERAS TES BRELOQUES APRÈS LA BATAILLE, QUAND ON RIGOLERA DE CETTE DISCUSSION.
C'EST TA FEMME ?
NON, MA FILLE !
J'AI PAS ÉTÉ UN BON PÈRE ; JE NE L'AI JAMAIS OUBLIÉE... MAIS JE NE LA REVERRAI PLUS.
SI TU LA CROISES, DIS-LUI QUE JE L'AI TOUJOURS EUE À MES CÔTÉS. LÀ, PRÈS DE MON CŒUR.
ARRÊTE LA SÉRÉNADE, TU VAS ME FAIRE PLEURER COMME UNE GRISETTE !
VA T'AMUSER AVEC L'AUTRE GRANDE GUEULE AVANT QUE JE NE TE DEMANDE DE LA RETROUVER.
JE L'AI RETROUVÉE...

Reising, 20 avril 1809, à l'aube...
LES "CENTAURES" SE METTENT EN POSITION...
HÉ, "LE BELGE", REGARDE-MOI CES ARROGANTS ! ILS SURVIVENT GRÂCE À LEUR RÉPUTATION, CAR SOUS LA CUIRASSE, CROIS-MOI, Y A PAS MIEUX QUE SOUS MON UNIFORME !
SI ÇA NE TENAIT QU'À MOI, JE TE LES...
ÇA NE TIENT PAS QU'À TOI... ALORS ARRÊTE DE JACTER ! CE N'EST VRAIMENT PLUS LE MOMENT !!
LES GARS DU 1ER CHASSEURS SONT EN POSITION ET VONT NOUS OUVRIR LA VOIE.

M'EST AVIS QUE CE SERA PLUTÔT LE RÔLE DU 8E HUSSARDS QUI SE DÉPLOIE LÀ-BAS.
TIENS DONC... MONSIEUR NE RONCHONNE PLUS ?!
JAMAIS AVANT D'EN DÉCOUDRE AVEC L'ARCHIDUC ET DE GAGNER UNE BATAILLE DÉCISIVE.
POUR LA PIÉTAILLE, PAR CONTRE, ON N'EST PAS VERNIS. ON DIRAIT BIEN QUE CE SONT LES BAVAROIS QUI...
DÉTROMPE-TOI ! ILS SONT SUR LEURS TERRES... ILS SE BATTRONT COMME DES FURIES.
J'ESPÈRE QU'ON BOUGERA VITE ! JE N'EN PEUX PLUS D'ATTENDRE ET DE REGARDER LES AUTRES TOMBER COMME DES MOUCHES...

POUR L'EMPEREUR !
AVEC MOI !
DECOUZE EST TOMBÉ !
REGROUPEMENT... REGROUPEMENT...

VIVE L'EMPEREUR !
ATTENTION À DROITE !
ILS NOUS PRENNENT DE FLANC...
UN CHEVAL... UN CHEVAL...

MONTE !
UN INSTANT, J'AI CRU...
... QUE TU PRENAIS GOÛT À LA PIÉTAILLE !
BLAM!
ON Y RETOURNE... ON VA AIDER LE VIEUX !

PÈRE, VOUS N'AVEZ PAS DORMI ?
JE NE DORS PLUS DEPUIS 30 ANS !
ILS SONT LÀ... ILS NE ME QUITTENT PLUS !
SCHNAPS !! SCHNELL !!
PÈRE, VOUS DEVRIEZ DORMIR.
VENEZ AVEC MOI...
NE T'AVISE PLUS JAMAIS DE ME DONNER DES ORDRES !!
PÈRE, POSEZ ÇA ! VOUS FAITES PEUR AU PETIT !
CHARLES, TON PÈRE T'A DEMANDÉ DE RETROUVER UN HOMME... FAIS-LE VITE, S'IL TE PLAÎT, QUE NOUS PUISSIONS RENTRER AU PAYS.
MÊME SI J'Y ÉTAIS OPPOSÉE, JE SAIS COMBIEN CE VOYAGE EST IMPORTANT POUR VOUS.
MAIS, DE GRÂCE, POUR LE PETIT, RESTEZ DIGNE ET SOBRE...
S'IL VOUS PLAÎT !

C'EST ICI, PÈRE.
SOUHAITEZ-VOUS QUE JE VOUS ACCOMPAGNE ?
NON !
RETOURNE À L'AUBERGE, CES RETROUVAILLES SERONT PROBABLEMENT LONGUES.
MAIS COMMENT NOUS REJOINDREZ-VOUS ?! IL PLEUT ET...
J'AI CONNU PIRE SITUATION ! JE NE SUIS PAS IMPOTENT... JE ME DÉBROUILLERAI !!
TOK TOK
JE NE PARLE PAS VOTRE LANGUE, MAIS VOTRE MAÎTRE PARLE LA MIENNE...
IL COMPRENDRA "L'IMPORTANCE" DE CETTE MISSIVE.

JE VOUS EN PRIE, PRENEZ PLACE.
EXCUSEZ MON IMPOLITESSE, MAIS PAR CE TEMPS J'AI LES PLUS GRANDES DIFFICULTÉS À ME DÉPLACER.
AINSI, VOUS ÊTES FRANÇAIS...
BELGE !
BELGE, DONC... ET VOUS CHERCHIEZ UN MÉDECIN PARLANT VOTRE LANGUE.
VOUS ÉTIEZ BIEN PLUS FRINGANT... IL Y A QUARANTE ANS !
IL EST ÉVIDENT QUE VOUS NE ME RECONNAISSEZ PAS...
C'EST NORMAL. QUI SE SOUVIENDRAIT D'UN SIMPLE CHASSEUR ?!
IL M'A FALLU DU TEMPS POUR VOUS RETROUVER.
VOUS INSTALLER ICI, SUR LES LIEUX DE VOS...
... "FAITS D'ARMES"...
... ÉTAIT CERTAINEMENT UNE BONNE IDÉE. QUI AURAIT PU VOUS IMAGINER AUSSI COURAGEUX ?!
QUANT À VOTRE NOM, "DOCTEUR DELASNOY"...
VOUS AURIEZ PU FAIRE PREUVE DE PLUS D'IMAGINATION...
... CHIRURGIEN SOUS-AIDE-MAJOR DELAUNAY !
JE VAIS VOUS RAFRAÎCHIR LA MÉMOIRE, SI VOUS LE VOULEZ BIEN...

Ce 20 avril 1809 restera à jamais marqué dans ma mémoire comme le jour où je perdis mon innocence. J'en avais pourtant vu, des amis tomber sous les tirs et coups de sabre ennemis, mais, en toute insouciance, je nous croyais immortels.
Lorsque le "vieux" est tombé, je n'étais pas à ses côtés... Assoiffé de violence et aveuglé par la gloire, je participais férocement à la prise de deux drapeaux hongrois.
Les livres d'histoire retiendront ces "deux premières prises d'une brillante campagne" et oublieront à coup sûr les noms de héros comme Lion, Thierrion ou... Guinebaud ! L'acte vaudra-t-il toujours mieux que l'homme pour éduquer les générations futures ?!
Je n'ai pas compris immédiatement que "J'y étais"... n'était plus ! Son rire et ses airs bougons allaient me manquer.
Pour l'heure, je m'inquiétais de trouver une bonne monture pour la suite des combats. J'avais tué deux chevaux dans la bataille, et il me fallait vite récupérer une bête solide pour le lendemain.
Téméraire et gorgé de sang, je m'étais porté volontaire, avec une vingtaine de gars, pour accompagner le lieutenant Merle.

Notre mission ce 21 avril : accrocher les avant-postes ennemis et ramener des prisonniers.
DES "SOLDATS À LA CRÈME" BIVOUAQUENT DERRIÈRE LA COLLINE ! UNE CINQUANTAINE, TOUT AU PLUS...
PRÊTS À JOUER LA MUSIQUE POUR LES "KAISERLICKS" ?! ILS VONT PAYER LES REFROIDIS D'HIER !
SACRÉ NOM DE DIEU, EN AVANT !!

NOUS RENDRE NOUS... PAS ARME... NOUS PRISONNIERS !!
NOUS PAS PRISONNIERS !!
PAW

Ivres de rage, nous prîmes le premier poste sans nous soucier de faire des prisonniers. Il fallait que l'ennemi paye le prix du sang pour les morts de la veille.
LES "AUTRES CHIENS" EN REDEMANDENT... ILS S'AVANCENT VERS NOUS ! ON VOUS LES LAISSE. FAITES HONNEUR À CEUX QU'ILS ONT CHARGÉS D'UNE COMMISSION POUR L'AUTRE MONDE !!

Nous chargeâmes un second poste, pris par notre élan... Si l'ennemi ne résista guère, nous dûmes faire face à une contre-attaque qui eut raison de mes dernières forces.

J'appris par la suite que l'Empereur, lui-même, fut si content du comportement de notre troupe qu'il désigna le 2e Chasseurs comme escorte jusqu'à l'affrontement de Landshut. Encore aujourd'hui je ne sais si c'est le destin qui m'éloigna de ce moment de gloire ou si, épuisé par cette guerre, je m'étais "laissé" abattre...

EMPORTEZ CELUI-CI, JE N'AI RIEN PU FAIRE POUR CE MALHEUREUX... SA BLESSURE ÉTAIT TROP PROFONDE ET TROP SALE.
ET VOILÀ LE SUIVANT...
NE VOUS EN FAITES PAS, JEUNE HOMME... DES BLESSURES COMME LA VÔTRE, J'EN AI VU DES CENTAINES.
ET TOUS CES HOMMES ONT PU REPARTIR AU COMBAT EN MOINS DE TEMPS QU'IL N'EN FAUT POUR LE DIRE.
POUR RETIRER L'ÉCLAT QUI S'EST LOGÉ DANS VOTRE CRÂNE, JE VAIS D'ABORD FAIRE UN PETIT TROU... NOUS APPELONS ÇA UNE "TRÉPANATION".
PUIS J'ENLÈVERAI UNE PARTIE DE L'OS ET J'AURAI AINSI ACCÈS À LA TOTALITÉ DU CORPS ÉTRANGER.
DANS LE MÊME TEMPS JE VIDERAI L'ABCÈS QUI S'EST FORMÉ SOUS L'ÉCLAT.
ENFIN, JE REBOUCHERAI LE TOUT AVEC UN LINGE IMBIBÉ DE VIN CHAUD ET DE MIEL POUR ÉVITER LA FORMATION D'UN NOUVEL ABCÈS.
VITE FAIT, BIEN FAIT, ET VOUS NE SENTIREZ... PRESQUE RIEN.
TENEZ-LE PLUS FERMEMENT !!
LA SCIE...
QU'EST-CE QUE VOUS ATTENDEZ ?! QUE J'AILLE LA CHERCHER MOI-MÊME OU QUE L'EMPEREUR VOUS L'ORDONNE ?!
ET VOUS, TENEZ-LE PLUS FERMEMENT, QUE DIABLE !!
MAIS TENEZ-LE MIEUX QUE ÇA, BON SANG !!
SOLDAT, FAITES UN EFFORT... JE SUIS EN TRAIN DE VOUS SAUVER LA VIE !!

ON Y VA, MON GARS, C'EST TON TOUR.
T'AS D'LA CHANCE, TU PASSES ENTRE LES MAINS DE MERLOT.
IL NE T'ASSOMMERA PAS DE DÉTAILS CRAPULEUX COMME LE VIEUX SEMELIN.
ET IL NE TE CHARCUTERA PAS COMME DELAUNAY.
CELUI-LÀ, ON CROIRAIT BIEN QU'IL AIME TRANCHER ET DÉCOUPER... UN VRAI BOUCHER !
EN PLUS, MERLOT, C'EST LE PROTÉGÉ DU CHIRURGIEN-MAJOR RICHARD.
ET LE CHOUCHOU DE CES DAMES... MAIS ÇA, ÇA TE FAIT UNE BELLE JAMBE DE LE SAVOIR...
... CAR C'EST PAS DEMAIN QUE TU POURRAS COURIR LA GRISETTE EN SA COMPAGNIE !
JE M'OCCUPE DE CELUI-CI PUIS JE VAIS DORMIR UNE HEURE...
ÇA DOIT BIEN FAIRE VINGT-QUATRE HEURES QUE JE N'AI PAS FERMÉ L'ŒIL.
ÇA FAIT UN PEU PLUS DE DEUX JOURS, MAJOR.
ON S'DISAIT JUSTEMENT AVEC AUGUSTIN QUE VOUS PRENIEZ PLUS SOIN D'EUX QUE DE VOUS...

VOUS SAVEZ QU'IL EXISTE QUATRE CATÉGORIES DE MILITAIRES ?
EUH ?!
AH ?!
CEUX QUI ONT GLOIRE ET RICHESSE... VOUS VOYEZ DE QUI JE VEUX PARLER.
CEUX QUI N'ONT QUE LA GLOIRE...
... OU CEUX QUI N'ONT QUE LA RICHESSE.
ET ENFIN, CEUX QUI N'ONT NI GLOIRE NI RICHESSE... ET CES DERNIERS, ILS SONT TOUS ICI, AU SERVICE SANTÉ !
PRENDRE SOIN DES TROIS AUTRES CATÉGORIES, C'EST UN PEU NOTRE SEULE GLOIRE ET NOTRE UNIQUE RICHESSE.
QU'EST-CE QU'IL VOULAIT NOUS DIRE, TU PENSES ?
J'SAIS PAS, MAIS MOI J'PÉFÉRERAIS ÊTRE RICHE QUE DE TRANSPORTER DES GARS QUI SE FONT TROUER LA PEAU...
QU'AVONS-NOUS LÀ ?
LA COMPRESSION N'A PAS ÉTÉ BIEN APPLIQUÉE... LES LIGATURES SERONT DIFFICILES ET FRAGILES... LA PLAIE PRINCIPALE EST SOUILLÉE...
NE VOUS EN FAITES PAS, JE VAIS ARRANGER TOUT CELA AU MIEUX. SI VOUS VOUS SENTEZ DÉFAILLIR, LAISSEZ-VOUS ALLER, C'EST PRÉFÉRABLE POUR VOUS...
... COMME POUR MOI !

TENEZ... BUVEZ...
VOUS DEVEZ BOIRE !
SI VOUS NE LE FAITES PAS POUR VOUS, FAITES-LE POUR MOI.
NE VOUS EN FAITES PAS... ÇA VA ALLER.
JE REVIENS AVEC DE L'EAU FRAÎCHE...
MAIS NE FAITES PAS DE BÊTISE PENDANT MON ABSENCE.
ATTENDEZ !!!
OUI, C'EST BIEN VOUS !
LE MÉDAILLON...
VOUS ÊTES SA FILLE !!
VOUS ÊTES LA FILLE DU VIEUX !!!
CET HOMME VOUS IMPORTUNE, MARIE-ANGE ?!

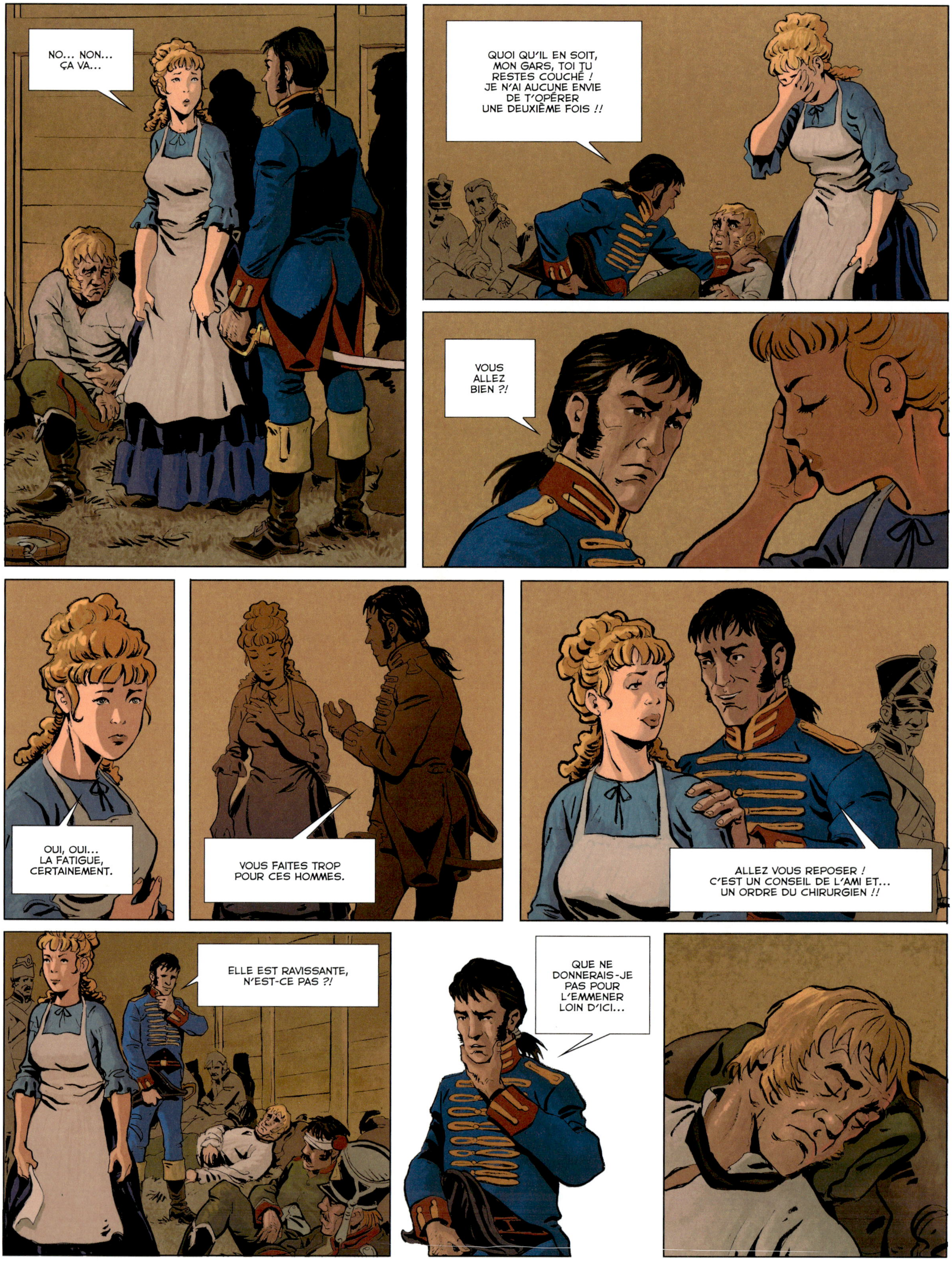
NO... NON... ÇA VA...
QUOI QU'IL EN SOIT, MON GARS, TOI TU RESTES COUCHÉ ! JE N'AI AUCUNE ENVIE DE T'OPÉRER UNE DEUXIÈME FOIS !!
VOUS ALLEZ BIEN ?!
OUI, OUI... LA FATIGUE, CERTAINEMENT.
VOUS FAITES TROP POUR CES HOMMES.
ALLEZ VOUS REPOSER ! C'EST UN CONSEIL DE L'AMI ET... UN ORDRE DU CHIRURGIEN !!
ELLE EST RAVISSANTE, N'EST-CE PAS ?!
QUE NE DONNERAIS-JE PAS POUR L'EMMENER LOIN D'ICI...

J'TE L'EMPRUNTE QUELQUES MINUTES, MON GARS...
CACHE ÇA, S'IL LA VOIT IL VA SE LA GARDER !
SI LE "CHEF" APPREND QU'ON SE SERT, ON VA...
QUI VA LUI DIRE ? TOI ?!
NON !!! J'DIRAI JAMAIS RIEN !! TU L'SAIS BIEN !
CRAC
MOI, JE POURRAIS LUI DIRE !
ÇA, ÇA M'ÉTONNERAIT...
ARRÊTE !

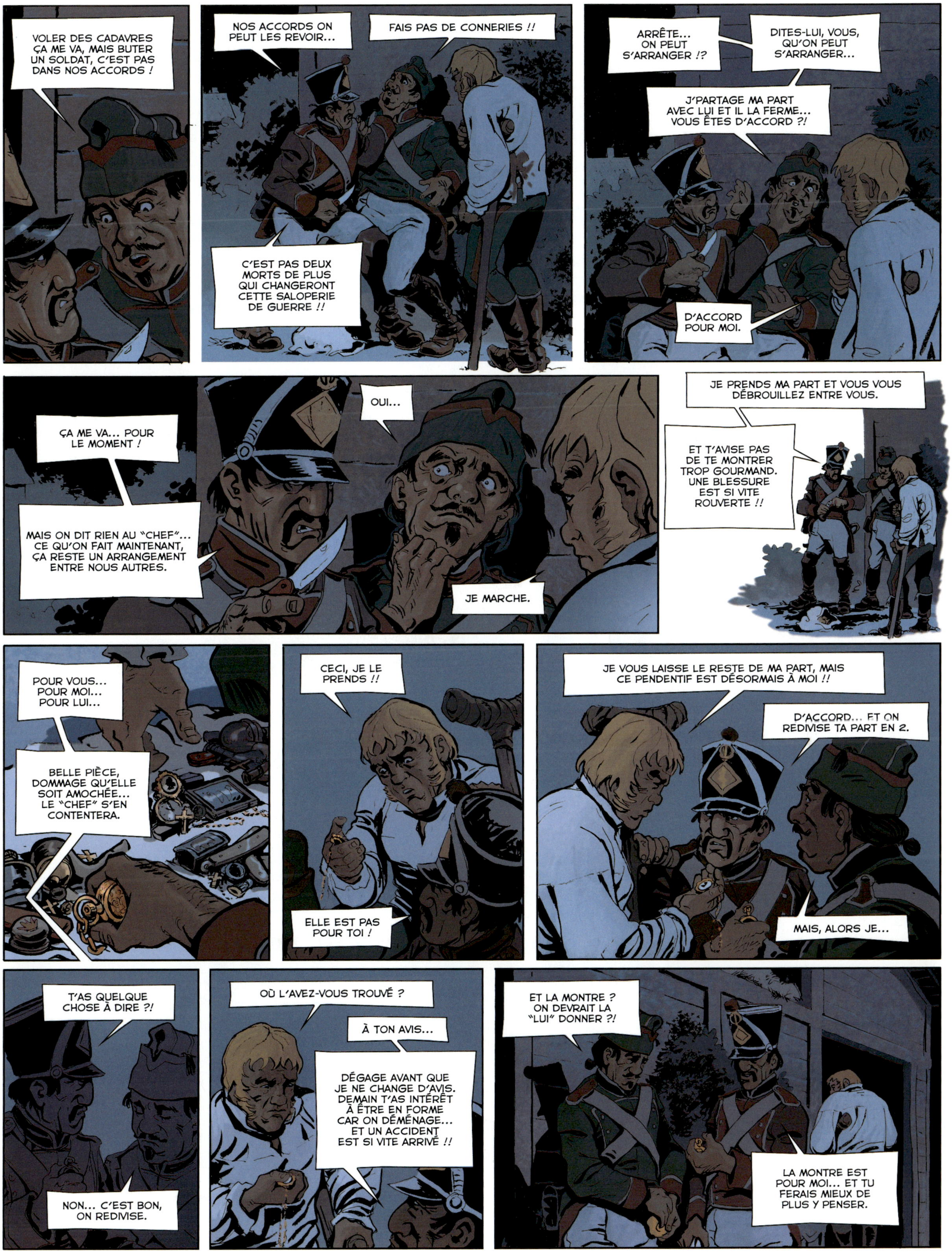
VOLER DES CADAVRES ÇA ME VA, MAIS BUTER UN SOLDAT, C'EST PAS DANS NOS ACCORDS !
NOS ACCORDS ON PEUT LES REVOIR...
FAIS PAS DE CONNERIES !!
C'EST PAS DEUX MORTS DE PLUS QUI CHANGERONT CETTE SALOPERIE DE GUERRE !!
ARRÊTE... ON PEUT S'ARRANGER !?
DITES-LUI, VOUS, QU'ON PEUT S'ARRANGER...
J'PARTAGE MA PART AVEC LUI ET IL LA FERME... VOUS ÊTES D'ACCORD ?!
D'ACCORD POUR MOI.
ÇA ME VA... POUR LE MOMENT !
MAIS ON DIT RIEN AU "CHEF"... CE QU'ON FAIT MAINTENANT, ÇA RESTE UN ARRANGEMENT ENTRE NOUS AUTRES.
OUI...
JE MARCHE.
JE PRENDS MA PART ET VOUS VOUS DÉBROUILLEZ ENTRE VOUS.
ET T'AVISE PAS DE TE MONTRER TROP GOURMAND. UNE BLESSURE EST SI VITE ROUVERTE !!
POUR VOUS... POUR MOI... POUR LUI...
BELLE PIÈCE, DOMMAGE QU'ELLE SOIT AMOCHÉE... LE "CHEF" S'EN CONTENTERA.
CECI, JE LE PRENDS !!
ELLE EST PAS POUR TOI !
JE VOUS LAISSE LE RESTE DE MA PART, MAIS CE PENDENTIF EST DÉSORMAIS À MOI !!
D'ACCORD... ET ON REDIVISE TA PART EN 2.
MAIS, ALORS JE...
T'AS QUELQUE CHOSE À DIRE ?!
NON... C'EST BON, ON REDIVISE.
OÙ L'AVEZ-VOUS TROUVÉ ?
À TON AVIS...
DÉGAGE AVANT QUE JE NE CHANGE D'AVIS. DEMAIN T'AS INTÉRÊT À ÊTRE EN FORME CAR ON DÉMÉNAGE... ET UN ACCIDENT EST SI VITE ARRIVÉ !!
ET LA MONTRE ? ON DEVRAIT LA "LUI" DONNER ?!
LA MONTRE EST POUR MOI... ET TU FERAIS MIEUX DE PLUS Y PENSER.

COMME TU VOIS, OÙ QUE TU AILLES JE SERAI TOUJOURS DERRIÈRE TOI...
ALORS TA GUEULE ! COMPRIS ?!
MESSAGE REÇU.
LAISSEZ-MOI FAIRE. VOUS SEREZ MIEUX AINSI.
ALORS ? QU'EN DITES-VOUS ? C'EST MIEUX, NON ?!
MERCI. JE SOUHAITAIS VOUS...
NE ME REMERCIEZ PAS !
JE SUIS ICI POUR VEILLER SUR VOUS, GARDEZ VOS CADEAUX...
ENCORE VOUS !
NE VOUS AVAIS-JE PAS ORDONNÉ DE NE PLUS IMPORTUNER MADEMOISELLE ?!
IL NE M'IMPORTUNAIT PAS, PIERRE... NOUS DISCUTIONS.
VENEZ, MARIE-ANGE, VOUS EN AVEZ ASSEZ FAIT POUR AUJOURD'HUI.
UNE FOIS ENCORE, JE ME DOIS DE VEILLER SUR VOTRE SANTÉ ET VOS EXCÈS DE... GÉNÉROSITÉ.

ABANDONNE, VIEUX FRÈRE, ELLE EST TROP BELLE POUR NOUS...
AU 2E ON NE LÂCHE PAS LA BRIDE SI FACILEMENT.
SOLDAT ! VOUS N'AVEZ RIEN À FAIRE ICI !! RETOURNEZ IMMÉDIATEMENT DANS VOTRE SALLE !!
REGARDEZ ! C'EST ELLE... C'EST LA FILLE DE MON MEILLEUR AMI.
IL VIENT DE CREVER DANS LA BATAILLE... ELLE DOIT SAVOIR !!
LAISSEZ-MOI LUI PARLER.
OU FAITES-LE À MA PLACE...
... POUR LE SOUVENIR DE SON PÈRE !
ALLONS-Y...

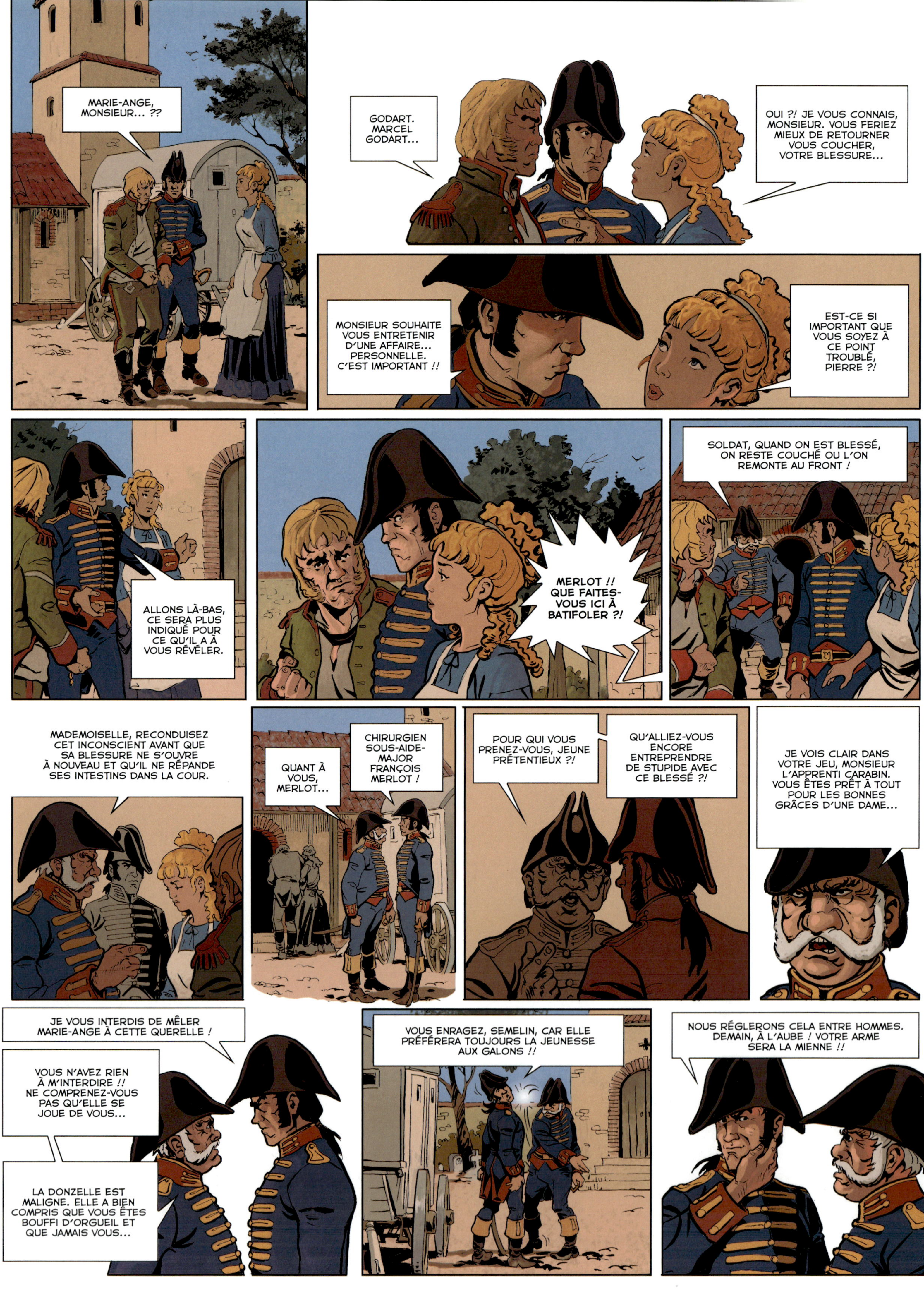
MARIE-ANGE, MONSIEUR... ??
GODART. MARCEL GODART...
OUI ?! JE VOUS CONNAIS, MONSIEUR. VOUS FERIEZ MIEUX DE RETOURNER VOUS COUCHER, VOTRE BLESSURE...
MONSIEUR SOUHAITE VOUS ENTRETENIR D'UNE AFFAIRE... PERSONNELLE. C'EST IMPORTANT !!
EST-CE SI IMPORTANT QUE VOUS SOYEZ À CE POINT TROUBLÉ, PIERRE ?!
ALLONS LÀ-BAS, CE SERA PLUS INDIQUÉ POUR CE QU'IL A À VOUS RÉVÉLER.
MERLOT !! QUE FAITES-VOUS ICI À BATIFOLER ?!
SOLDAT, QUAND ON EST BLESSÉ, ON RESTE COUCHÉ OU L'ON REMONTE AU FRONT !
MADEMOISELLE, RECONDUISEZ CET INCONSCIENT AVANT QUE SA BLESSURE NE S'OUVRE À NOUVEAU ET QU'IL NE RÉPANDE SES INTESTINS DANS LA COUR.
QUANT À VOUS, MERLOT...
CHIRURGIEN SOUS-AIDE-MAJOR FRANÇOIS MERLOT !
POUR QUI VOUS PRENEZ-VOUS, JEUNE PRÉTENTIEUX ?!
QU'ALLIEZ-VOUS ENCORE ENTREPRENDRE DE STUPIDE AVEC CE BLESSÉ ?!
JE VOIS CLAIR DANS VOTRE JEU, MONSIEUR L'APPRENTI CARABIN. VOUS ÊTES PRÊT À TOUT POUR LES BONNES GRÂCES D'UNE DAME...
JE VOUS INTERDIS DE MÊLER MARIE-ANGE À CETTE QUERELLE !
VOUS N'AVEZ RIEN À M'INTERDIRE !! NE COMPRENEZ-VOUS PAS QU'ELLE SE JOUE DE VOUS...
LA DONZELLE EST MALIGNE. ELLE A BIEN COMPRIS QUE VOUS ÊTES BOUFFI D'ORGUEIL ET QUE JAMAIS VOUS...
VOUS ENRAGEZ, SEMELIN, CAR ELLE PRÉFÉRERA TOUJOURS LA JEUNESSE AUX GALONS !!
NOUS RÉGLERONS CELA ENTRE HOMMES. DEMAIN, À L'AUBE ! VOTRE ARME SERA LA MIENNE !!

NE VOUS EN FAITES PAS POUR LUI. IL S'EN SORTIRA...
LE MOMENT N'EST PEUT-ÊTRE PAS BIEN CHOISI, TOUTEFOIS JE DÉSIRAIS VOUS...
LAISSEZ, MADEMOISELLE, JE M'OCCUPE DE CE SOLDAT.
PROFITEZ DE CETTE DOUCE NUIT POUR VOUS REPOSER UN PEU.
SOLDAT, JE VOUS DISPENSE DE TOUT COMMENTAIRE GRIVOIS...
ET CACHEZ CE SOURIRE QUI EN DIT LONG SUR VOS PENSÉES MALSAINES !
AAAA
CE N'EST PAS PARCE QU'ELLE VOUS IGNORE QUE VOUS DEVEZ VOUS VENGER SUR VOS PATIENTS...
VOUS AUSSI, PROFITEZ DE CETTE NUIT POUR REPRENDRE DES FORCES... CAR JE NE DOUTE PAS QUE VOS COMPAGNONS PIAFFENT D'IMPATIENCE À L'IDÉE DE VOUS REVOIR À LEURS CÔTÉS.
MERLOT !! TU ME L'AS SOUILLÉE... PUISSE LE VIEUX SEMELI TE TUER DEMAIN !!!

REPRENEZ-VOUS, QUE DIABLE !
JE NE SAIS PAS CE QUE VOUS AVEZ CE MATIN, MAIS SOUVENEZ-VOUS QUE LA GUÉRISON D'HOMMES COURAGEUX EST ENTRE VOS MAINS. UN PEU DE RESPECT POUR EUX !
CESSEZ DONC VOS ENFANTILLAGES !!
OUI... JE FERAI DE MON MIEUX...
LES TEMPS SONT DURS POUR TOUT LE MONDE. SI JE SUIS SÉVÈRE, C'EST POUR NOTRE SURVIE À TOUS...
JE NE SUIS PAS UN MONSTRE, MARIE-ANGE.
RETOURNEZ AU CHEVET DES BLESSÉS ET OFFREZ-LEUR LE BONHEUR DE VOUS VOIR SOURIANTE.
POURQUOI ME REGARDEZ-VOUS AINSI... VOUS N'AVEZ JAMAIS VU UN BLESSÉ ?!
RETOURNEZ À VOTRE TÂCHE !
PANG !!!

POURQUOI LA REGARDEZ-VOUS AINSI ? VOUS N'AVEZ JAMAIS VU UNE JEUNE FEMME SOUFFRANTE ?!
RETOURNEZ À VOS TÂCHES... ET ESSAYEZ D'ÊTRE UTILES POUR UNE FOIS !!
DELAUNAY, VENEZ M'AIDER !
QUELQU'UN A TIRÉ SUR VOUS...
NE JOUEZ PAS LES IDIOTS, DELAUNAY, VOUS VOYEZ BIEN QUE CE N'EST PAS UNE CHUTE DE CHEVAL !
SI VOUS COMPTEZ M'ABREUVER DE COMMENTAIRES COMME CELUI-CI, RETOURNEZ AU CHEVET DE VOS "VICTIMES" ET LAISSEZ-MOI OPÉRER SEUL.
JE M'INQUIÉTAIS, RIEN DE PLUS...
RIEN DE PLUS ? ALLONS DONC...
EN TEMPS DE GUERRE, IL EST LÉGITIME QUE JE M'INQUIÈTE DE L'IDENTITÉ DE CELUI QUI VOUS A LOGÉ UNE BALLE DANS LE BRAS.
BIEN SÛR... ET VOUS AIMERIEZ AUSSI APPRENDRE DE MA BOUCHE SI MOI AUSSI J'AI TOUCHÉ CE JEUNE COQ AMBITIEUX ?!
NE JOUEZ PAS LES VERTUEUX AVEC MOI, DELAUNAY. J'AI AUSSI VU VOTRE MANÈGE AVEC MARIE-ANGE...
AÏE !

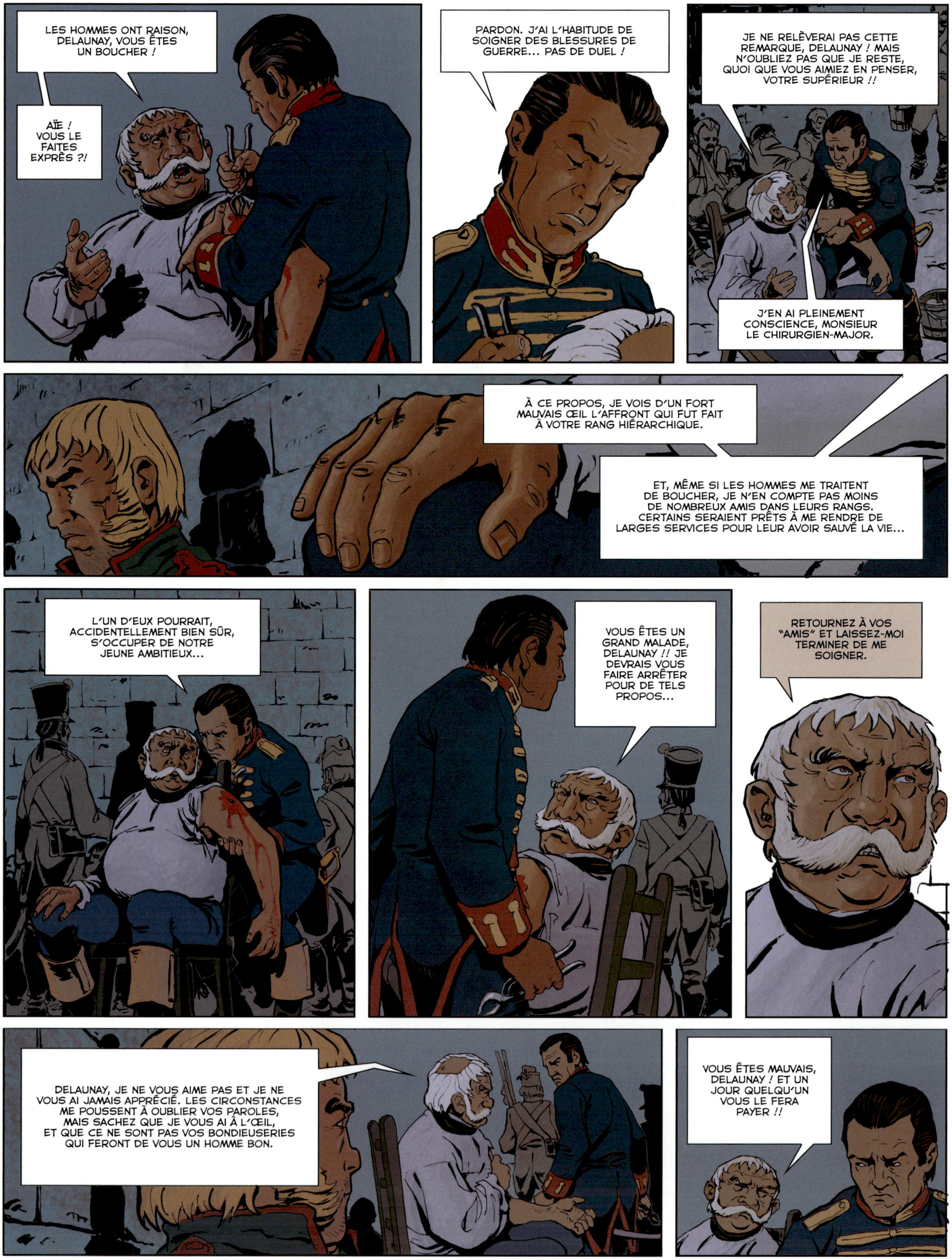
LES HOMMES ONT RAISON, DELAUNAY, VOUS ÊTES UN BOUCHER !
AÏE ! VOUS LE FAITES EXPRÈS ?!
PARDON. J'AI L'HABITUDE DE SOIGNER DES BLESSURES DE GUERRE... PAS DE DUEL !
JE NE RELÈVERAI PAS CETTE REMARQUE, DELAUNAY ! MAIS N'OUBLIEZ PAS QUE JE RESTE, QUOI QUE VOUS AIMIEZ EN PENSER, VOTRE SUPÉRIEUR !!
J'EN AI PLEINEMENT CONSCIENCE, MONSIEUR LE CHIRURGIEN-MAJOR.
À CE PROPOS, JE VOIS D'UN FORT MAUVAIS ŒIL L'AFFRONT QUI FUT FAIT À VOTRE RANG HIÉRARCHIQUE.
ET, MÊME SI LES HOMMES ME TRAITENT DE BOUCHER, JE N'EN COMPTE PAS MOINS DE NOMBREUX AMIS DANS LEURS RANGS. CERTAINS SERAIENT PRÊTS À ME RENDRE DE LARGES SERVICES POUR LEUR AVOIR SAUVÉ LA VIE...
L'UN D'EUX POURRAIT, ACCIDENTELLEMENT BIEN SÛR, S'OCCUPER DE NOTRE JEUNE AMBITIEUX...
VOUS ÊTES UN GRAND MALADE, DELAUNAY !! JE DEVRAIS VOUS FAIRE ARRÊTER POUR DE TELS PROPOS...
RETOURNEZ À VOS "AMIS" ET LAISSEZ-MOI TERMINER DE ME SOIGNER.
DELAUNAY, JE NE VOUS AIME PAS ET JE NE VOUS AI JAMAIS APPRÉCIÉ. LES CIRCONSTANCES ME POUSSENT À OUBLIER VOS PAROLES, MAIS SACHEZ QUE JE VOUS AI À L'ŒIL, ET QUE CE NE SONT PAS VOS BONDIEUSERIES QUI FERONT DE VOUS UN HOMME BON.
VOUS ÊTES MAUVAIS, DELAUNAY ! ET UN JOUR QUELQU'UN VOUS LE FERA PAYER !!

PIERRE !!
DELAUNAY !! TU FERAIS MIEUX DE T'OCCUPER DE MADEMOISELLE MARIE-ANGE...
... ELLE QUI HANTE TES RÊVES ET TES PRIÈRES.
J'AI CRU QUE TU ÉTAIS MORT... QUE SEMELIN T'AVAIT TUÉ !!
ENCORE FAUDRAIT-IL QU'IL SACHE TIRER...
PAS DE ÇA ICI, MADEMOISELLE !
MERLOT, VOUS ÊTES IVRE !
ALLEZ VOUS REPOSER ET REVENEZ-NOUS QUAND VOUS SEREZ PRÉSENTABLE.
SEMELIN, VOUS ÊTES LÂCHE !
FAITES-VOUS SOIGNER ET REVENEZ-NOUS QUAND VOUS EN AUREZ TROUVÉ UNE PAIRE...
J'ATTRIBUERAI VOS PROPOS À LA FATIGUE DES DERNIERS JOURS... QUITTEZ CETTE SALLE ET REVENEZ QUAND VOUS SEREZ SOBRE !
C'EST UN ORDRE !!!
NE VOUS EN FAITES PAS POUR LUI. JE SUIS CERTAIN QU'APRÈS QUELQUES EXCUSES LE CHIRURGIEN-MAJOR SEMELIN LUI PARDONNERA SES EMPORTEMENTS...
LE VIEUX N'EST PAS UN MONSTRE, ET IL SAIT COMBIEN IL EST DIFFICILE DE TROUVER, EN CETTE PÉRIODE, DES HOMMES DE VALEUR. AIDEZ-LES TOUS LES DEUX À SE RÉCONCILIER... C'EST LE MIEUX QUE VOUS PUISSIEZ FAIRE.

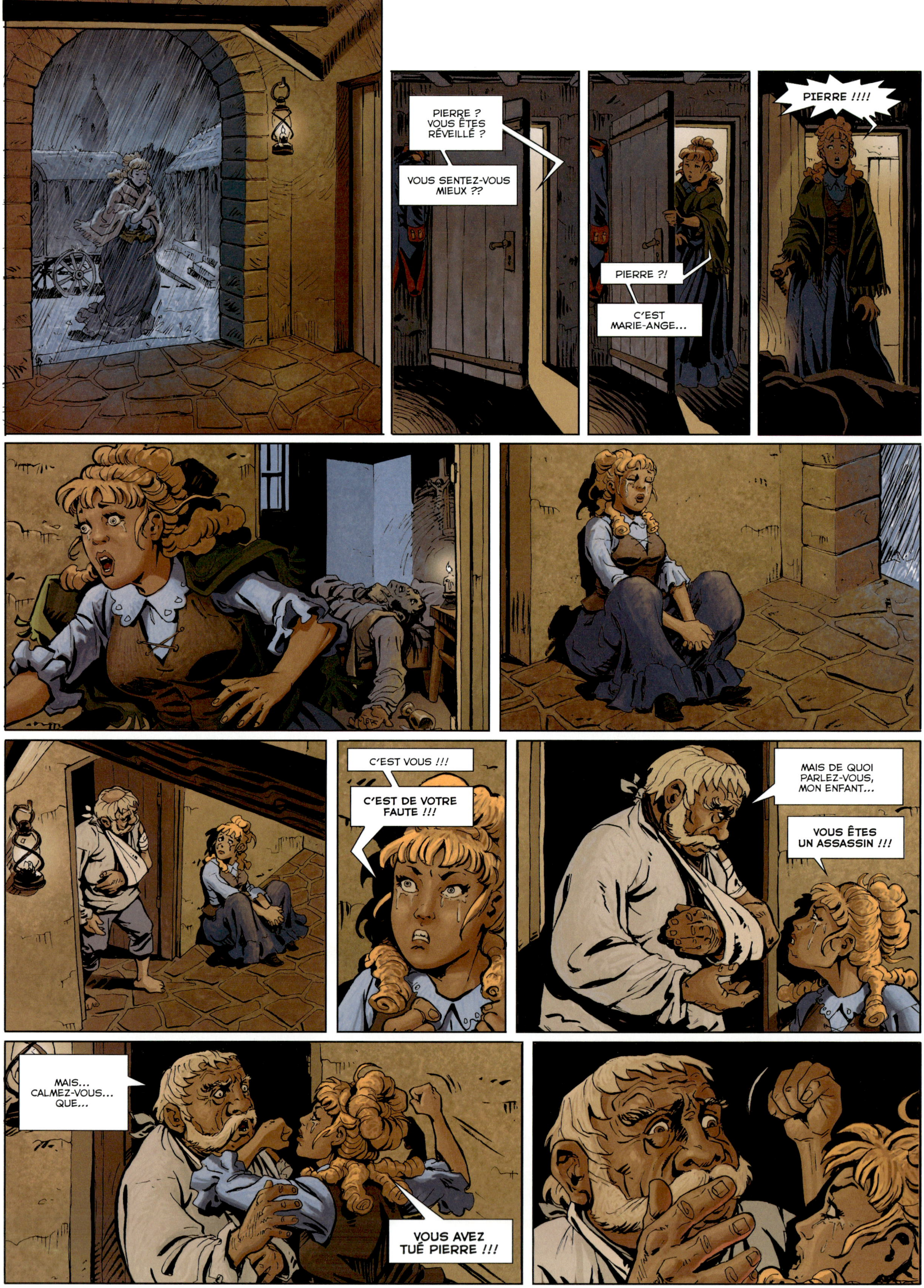
PIERRE ? VOUS ÊTES RÉVEILLÉ ?
VOUS SENTEZ-VOUS MIEUX ??
PIERRE ?!
C'EST MARIE-ANGE...
PIERRE !!!!
C'EST VOUS !!!
C'EST DE VOTRE FAUTE !!!
MAIS DE QUOI PARLEZ-VOUS, MON ENFANT...
VOUS ÊTES UN ASSASSIN !!!
MAIS... CALMEZ-VOUS... QUE...
VOUS AVEZ TUÉ PIERRE !!!

CALMEZ-VOUS !!
ALLEZ-Y, MARIE-ANGE, DITES-MOI TOUT !
AYEZ CONFIANCE, JE SUIS ICI POUR VOUS PROTÉGER.
PIERRE EST... MORT !
IL A ÉTÉ EMPOISONNÉ !!
SEMELIN L'A EMPOISONNÉ...
JE RECONDUIS MADEMOISELLE...
PUIS JE REVIENS M'OCCUPER DE CE PAUVRE MERLOT... ET DE TOI !
IL EST ENFIN L'HEURE DE CREVER LES VIEUX ABCÈS, TU NE CROIS PAS ?!

TU PEUX ÊTRE FIER DE TOI, SEMELIN !
DEUX CADAVRES D'INNOCENTS EN UNE SEULE NUIT, BEAU TABLEAU DE CHASSE !
VOUS ÊTES UNE POURRITURE, DELAUNAY.
JE VAIS VOUS CREVER...
VOUS ALLEZ SOUFFRIR COMME LES PAUVRES SOLDATS QUE VOUS AIMEZ TANT CHARCUTER...
J'AURAI UN CADAVRE SUR LA CONSCIENCE, MAIS J'EN SERAI FIER !
TU PERDS LA TÊTE, MON VIEUX. CES PROPOS NE SONT PAS DIGNES D'UN "VRAI" OFFICIER.
RETROUVE TON SANG-FROID, ON NOUS REGARDE.

LÂCHEZ-MOI ! C'EST UN ORDRE !!
JE DOIS EN FINIR AVEC CE SALOPARD !!!
RECONDUISEZ-LE DANS SES QUARTIERS !
TU SERAS JUGÉ POUR TES ACTES, DELAUNAY !
TU N'ÉCHAPPERAS PAS AU PELOTON !!
QU'ATTENDEZ-VOUS ? QU'ELLE TOMBE TOUTE SEULE ?!
DÉTACHEZ-LA ET EMPORTEZ SON CADAVRE DANS LA GRANDE SALLE.
L'INCIDENT EST CLOS !
RETOURNEZ À VOS POSTES, DES BLESSÉS ONT BESOIN DE NOUS.

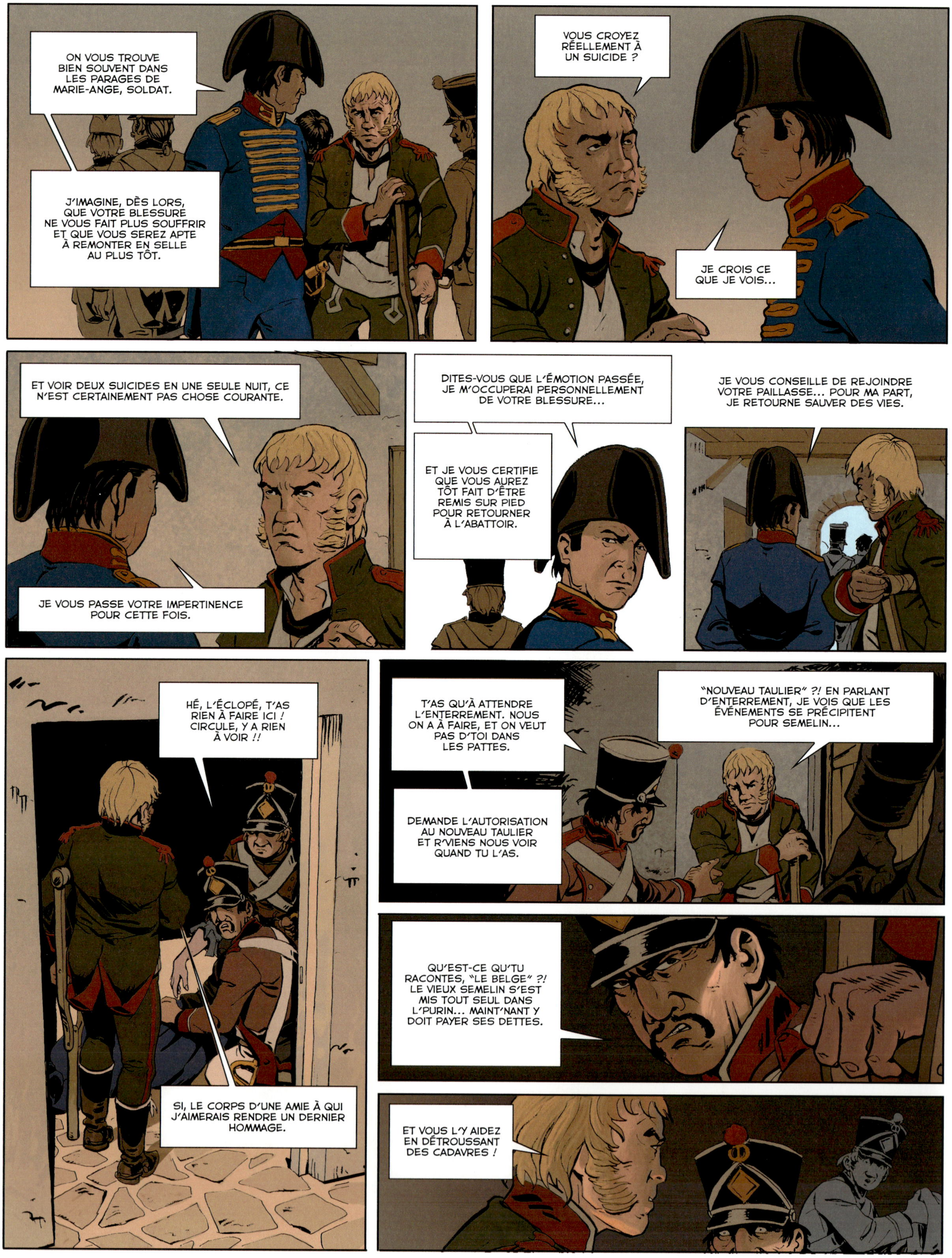
ON VOUS TROUVE BIEN SOUVENT DANS LES PARAGES DE MARIE-ANGE, SOLDAT.
J'IMAGINE, DÈS LORS, QUE VOTRE BLESSURE NE VOUS FAIT PLUS SOUFFRIR ET QUE VOUS SEREZ APTE À REMONTER EN SELLE AU PLUS TÔT.
VOUS CROYEZ RÉELLEMENT À UN SUICIDE ?
JE CROIS CE QUE JE VOIS...
ET VOIR DEUX SUICIDES EN UNE SEULE NUIT, CE N'EST CERTAINEMENT PAS CHOSE COURANTE.
JE VOUS PASSE VOTRE IMPERTINENCE POUR CETTE FOIS.
DITES-VOUS QUE L'ÉMOTION PASSÉE, JE M'OCCUPERAI PERSONNELLEMENT DE VOTRE BLESSURE...
ET JE VOUS CERTIFIE QUE VOUS AUREZ TÔT FAIT D'ÊTRE REMIS SUR PIED POUR RETOURNER À L'ABATTOIR.
JE VOUS CONSEILLE DE REJOINDRE VOTRE PAILLASSE... POUR MA PART, JE RETOURNE SAUVER DES VIES.
HÉ, L'ÉCLOPÉ, T'AS RIEN À FAIRE ICI ! CIRCULE, Y A RIEN À VOIR !!
SI, LE CORPS D'UNE AMIE À QUI J'AIMERAIS RENDRE UN DERNIER HOMMAGE.
T'AS QU'À ATTENDRE L'ENTERREMENT. NOUS ON A À FAIRE, ET ON VEUT PAS D'TOI DANS LES PATTES.
DEMANDE L'AUTORISATION AU NOUVEAU TAULIER ET R'VIENS NOUS VOIR QUAND TU L'AS.
"NOUVEAU TAULIER" ?! EN PARLANT D'ENTERREMENT, JE VOIS QUE LES ÉVÉNEMENTS SE PRÉCIPITENT POUR SEMELIN...
QU'EST-CE QU'TU RACONTES, "LE BELGE" ?! LE VIEUX SEMELIN S'EST MIS TOUT SEUL DANS L'PURIN... MAINT'NANT Y DOIT PAYER SES DETTES.
ET VOUS L'Y AIDEZ EN DÉTROUSSANT DES CADAVRES !

J'T'AVAIS DÉJÀ DIT D'PAS FAIRE ALLER TA GRANDE GUEULE. FAUT QU'J'ME RÉPÈTE ?!
JE TE DEMANDE JUSTE DE POUVOIR RENDRE UN DERNIER HOMMAGE À UNE AMIE.
ET MOI J'T'AI DÉJÀ DIT "NON" !
HÉ, LES GARS, VOUS ALLEZ PAS VOUS FROTTER POUR UN CADAVRE, QUAND MÊME ?!
VA VOIR DANS LA COUR SI ON Y EST... ICI C'EST DES AFFAIRES D'HOMMES QUI S'RÈGLENT ENTRE HOMMES.

CE COUP-LÀ, J'EN RÊVAIS DEPUIS LONGTEMPS !
ÇA, JE LE GARDE COMME PRISE DE GUERRE...
C'EST BIEN CE QUE JE PENSAIS, C'EST ÇA QU'ON VOULAIT ME CACHER.
PAUVRE PETITE... S'IL Y A QUELQUE CHOSE APRÈS, J'ESPÈRE QUE TU RETROUVERAS TON PÈRE ET QUE VOUS VIVREZ ENFIN HEUREUX...
J'AI PAS EU L'OCCASION DE TE DONNER CECI... MAIS SACHE QUE TON PÈRE L'A TOUJOURS CONSERVÉ PRÈS DE SON CŒUR ET, PLUS D'UNE FOIS, "TU" LUI AS SAUVÉ LA VIE.
REDRESSE-TOI !
ON DOIT CAUSER !!
JE N'AURAIS AUCUN REMORDS À TE DÉFONCER LE CRÂNE, ALORS DIS-MOI CE QUE TU SAIS.
"CHEF", J'AI RIEN DIT... IL A COMPRIS, MAIS J'AI RIEN DIT...
JE SAIS.
PAN

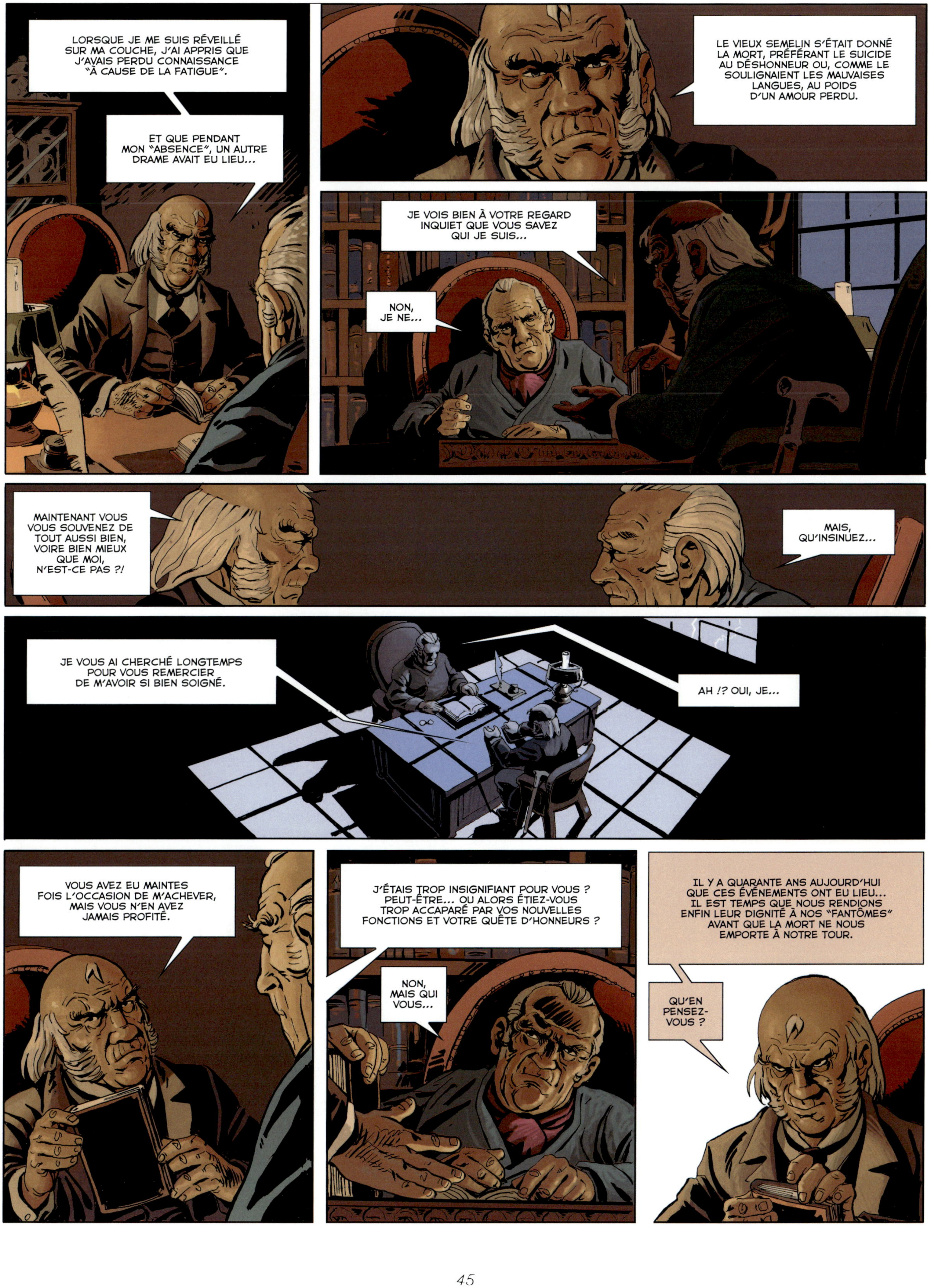

LORSQUE JE ME SUIS RÉVEILLÉ SUR MA COUCHE, J'AI APPRIS QUE J'AVAIS PERDU CONNAISSANCE "À CAUSE DE LA FATIGUE".
ET QUE PENDANT MON "ABSENCE", UN AUTRE DRAME AVAIT EU LIEU...
LE VIEUX SEMELIN S'ÉTAIT DONNÉ LA MORT, PRÉFÉRANT LE SUICIDE AU DÉSHONNEUR OU, COMME LE SOULIGNAIENT LES MAUVAISES LANGUES, AU POIDS D'UN AMOUR PERDU.
JE VOIS BIEN À VOTRE REGARD INQUIET QUE VOUS SAVEZ QUI JE SUIS...
NON, JE NE...
MAINTENANT VOUS VOUS SOUVENEZ DE TOUT AUSSI BIEN, VOIRE BIEN MIEUX QUE MOI, N'EST-CE PAS ?!
MAIS, QU'INSINUEZ...
JE VOUS AI CHERCHÉ LONGTEMPS POUR VOUS REMERCIER DE M'AVOIR SI BIEN SOIGNÉ.
AH !? OUI, JE...
VOUS AVEZ EU MAINTES FOIS L'OCCASION DE M'ACHEVER, MAIS VOUS N'EN AVEZ JAMAIS PROFITÉ.
J'ÉTAIS TROP INSIGNIFIANT POUR VOUS ? PEUT-ÊTRE... OU ALORS ÉTIEZ-VOUS TROP ACCAPARÉ PAR VOS NOUVELLES FONCTIONS ET VOTRE QUÊTE D'HONNEURS ?
NON, MAIS QUI VOUS...
IL Y A QUARANTE ANS AUJOURD'HUI QUE CES ÉVÉNEMENTS ONT EU LIEU... IL EST TEMPS QUE NOUS RENDIONS ENFIN LEUR DIGNITÉ À NOS "FANTÔMES" AVANT QUE LA MORT NE NOUS EMPORTE À NOTRE TOUR.
QU'EN PENSEZ-VOUS ?

JE VOUS AI ÉCOUTÉ, MAIS JE NE COMPRENDS RIEN À VOTRE FABLE, MONSIEUR ! JE NE SUIS PAS CELUI QUE...
AURIEZ-VOUS L'HEURE ?
ALORS, "CHEF", ON A CONSERVÉ SES "PRISES DE GUERRE" !
CELLE-CI, J'ME LA GARDE.
SI LE "CHEF" L'APPREND ON S'RA MAL. FAUT LA LUI LAISSER.
C'EST NOUS QU'ON FAIT L'SALE BOULOT ET C'EST LUI QUI S'GAVE...
J'AI LONGTEMPS CRU QUE TOUS CES CADAVRES AVAIENT GERMÉ PAR AMOUR.
JE ME SUIS TROMPÉ. DES INNOCENTS SONT MORTS PAR VOTRE CUPIDITÉ.
"CHEF", J'AI RIEN DIT... IL A COMPRIS MAIS J'AI RIEN DIT...
JE SAIS QUE TU N'AS RIEN DIT... MAIS LUI N'A RIEN COMPRIS !
Je pensais avoir reconnu votre voix, mais je n'en étais pas certain.
Votre homme de main s'est montré courageux...
Mais j'ai su être très persuasif !
MARIE-ANGE N'A ÉTÉ QU'UN JOUET DONT VOUS AVEZ ABUSÉ POUR...

JE VOUS INTERDIS DE DIRE ÇA !
SI ELLE M'AVAIT PRÊTÉ ATTENTION, J'ÉTAIS PRÊT À...
ABANDONNER VOS LARCINS ?! À D'AUTRES, DELAUNAY ! DES HOMMES COMME VOUS NE SAVENT PAS CE QU'AIMER VEUT DIRE.
VOUS AVEZ EMPOISONNÉ FRANÇOIS MERLOT. PAS À CAUSE DE MARIE-ANGE, MAIS PARCE QU'IL AVAIT LES PREUVES DE VOTRE TRAFIC.
VOUS AVEZ ÉTRANGLÉ MARIE-ANGE CAR VOUS POUVIEZ AINSI POUSSER SEMELIN VERS LE CACHOT OU LA MORT.
EN CETTE NUIT ANNIVERSAIRE, JE VOUS DONNE L'OCCASION DE VOUS COMPORTER... ENFIN... COMME UN HOMME !
VOUS... MOI... NOS FANTÔMES... ET L'HISTOIRE SERA BOUCLÉE !

FIN DE L'ÉPISODE.